El río es mi vida

Jocelyn Sigue y Raúl Dorantes

Fotografías de Kim Hairston

Rigby

© 1997 by Rigby,
a division of Reed Elsevier, Inc.
500 Coventry Lane
Crystal Lake, IL 60014

00 99 98 97
10 9 8 7 6 5 4 3 2

Printed in the United States of America

ISBN 0-7635-3179-0

Las entrevistas pueden ser interesantes. Una persona hace preguntas y otra las contesta. Leemos entrevistas en periódicos o a veces las vemos por televisión. Los periodistas hacen las preguntas y personas interesantes las contestan.

Jocelyn Sigue, reportera

Ésta es una entrevista a un señor que pesca ostras en un río. Se llama George Ambrose Chisley, pero su familia y sus amigos lo llaman Bo. Nos va a permitir que lo llamemos Bo.

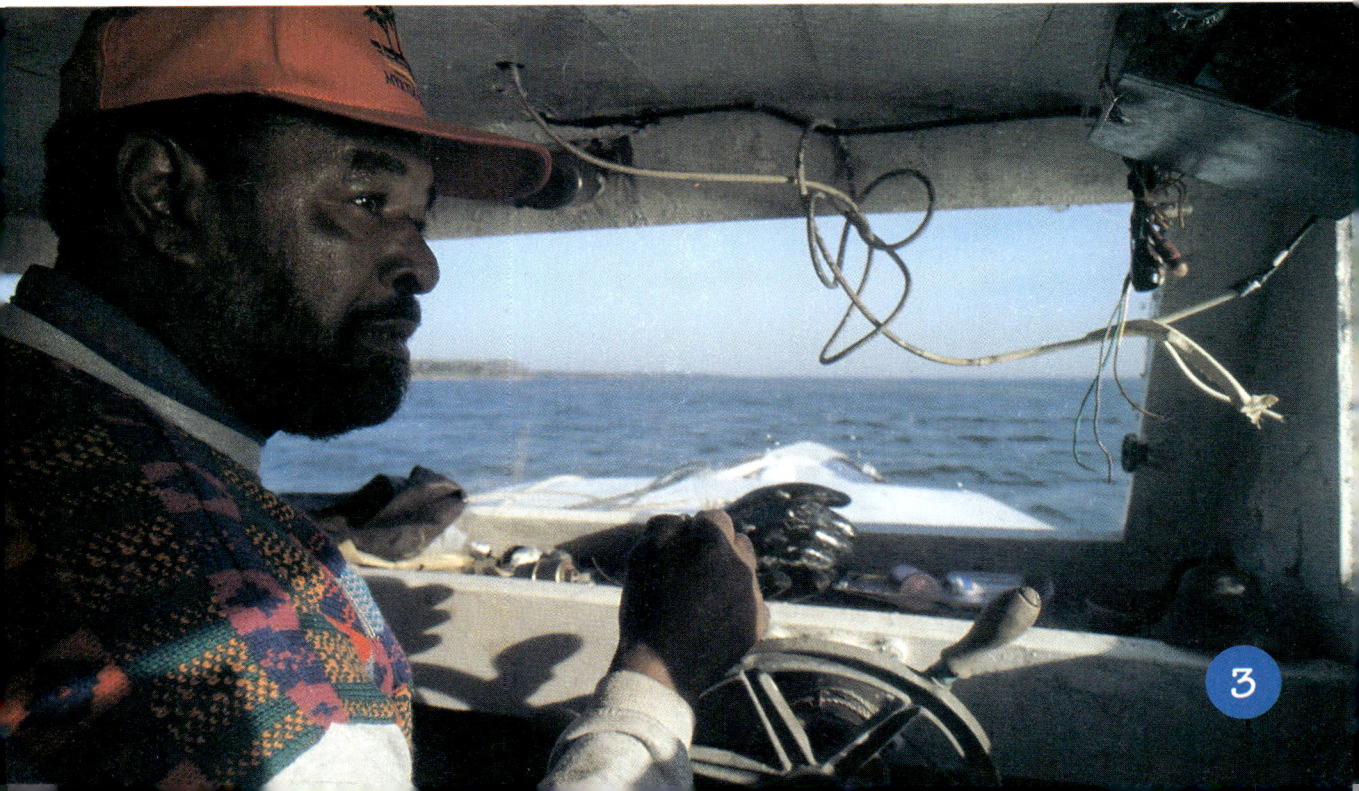

3

Reportera: *¿Qué son las ostras, Bo? ¿Dónde las pesca?*

Bo Chisley: A mucha gente le gusta comer ostras. Estos animales acuáticos viven dentro de una concha dura en el fondo del mar o de los ríos. Yo las pesco en el río Wicomico, que pasa cerca de mi pueblo, Newburg, en Maryland. Newburg está en la costa este de los Estados Unidos. Aquí he vivido toda mi vida y he pescado ostras durante 47 años.

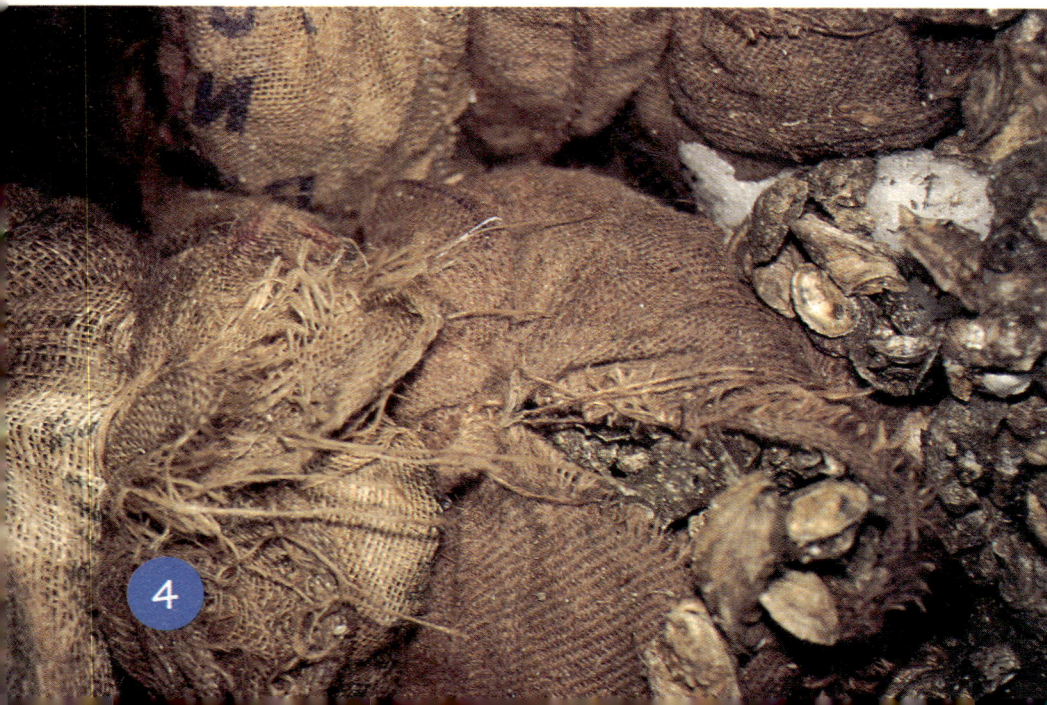

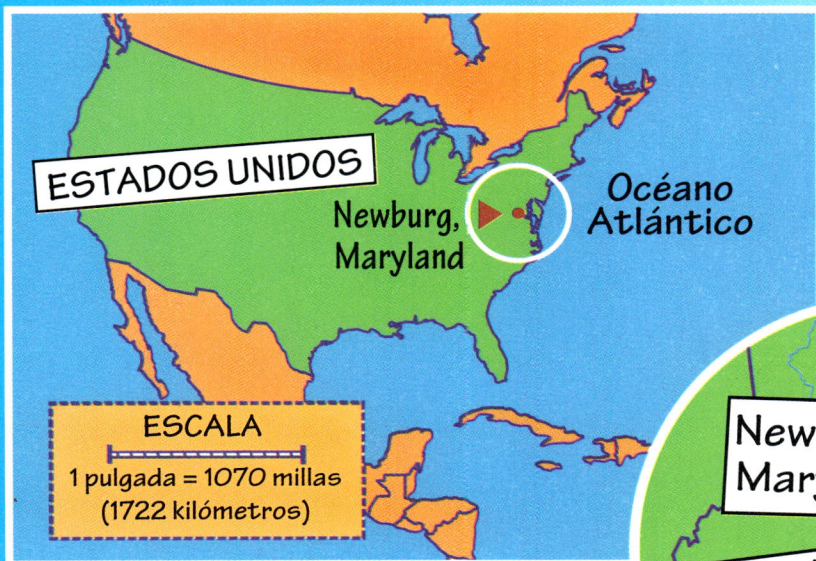

ESTADOS UNIDOS

Newburg, Maryland

Océano Atlántico

ESCALA

1 pulgada = 1070 millas
(1722 kilómetros)

Newburg, Maryland

Río Wicomico

Reportera: *¡Increíble! Eso quiere decir que ha pescado ostras desde que era niño. ¿Cómo aprendió a pescar?*

Bo: Mi familia me enseñó. Tengo siete hermanos y seis hermanas, y todos crecimos cerca del río. Mi padre salía en su barco todos los días a pescar ostras y yo quería ser como él. Jimmy, mi hermano mayor, tenía un barquito y yo se lo pedía prestado todos los días después de salir de la escuela. Yo pescaba ostras y Jimmy las vendía a sus amigos.

Reportera: *¿Y cuándo pesca ahora?*

Bo: Yo me paso todo el día pescando ostras, desde que sale el sol. Mi compañero Chris y yo estamos en mi barco a las siete de la mañana. Chris es como un hijo para mí. Tengo cinco hijos y una hija. A veces ellos me ayudan a pescar, pero generalmente sólo vamos los dos. Es divertido ir con alguien más en el barco. Pescamos ostras en el otoño y en el invierno, pero durante el verano y la primavera dejamos que crezcan. Volvemos a pescarlas cuando ya han crecido.

Reportera: *¿Es difícil pescar ostras?*

Bo: Sí, algunas veces es tan difícil que Chris y yo queremos decir "basta ya". Las ostras se entierran en la arena del fondo del río. Para sacarlas, usamos unas tenazas especiales muy largas porque el agua es muy profunda. Mis tenazas más largas miden 26 pies. Son tan largas como dos coches estacionados uno detrás de otro. Las tenazas son de madera y metal; funcionan como unas tijeras. Las metemos en el agua y cuando tocan el fondo las abrimos. Después, las cerramos alrededor de un montón de ostras y las sacamos. Es bastante difícil porque las tenazas son muy pesadas.

Reportera: *¿Y entonces, qué hacen con las ostras?*

Bo: Primero las medimos en la cubierta del barco.
Si miden menos de tres pulgadas de largo, las tiramos al
agua porque hay leyes que regulan la pesca de ostras en
los Estados Unidos. Esas leyes dicen que las ostras más
pequeñas deben permanecer en el río. Cada vez que
tiramos al río las más pequeñas, sabemos que el próximo
año habrá ostras. La mayor pesca es en septiembre. Lo
más que hemos pescado en un solo día ha sido 9000
ostras. En marzo ya no quedan muchas ostras y por eso
sólo alcanzamos a sacar unas 4000 al día. Quisiéramos
poder pescar más.

Reportera: *Pero aun así, son muchas ostras. ¿Qué hacen con ellas?*

Bo: Las vendemos. Chris y yo volvemos al muelle a las cuatro de la tarde todos los días y le vendemos nuestras ostras a un señor que se llama Butch. Él las compra por cestos, o *bushels*. Cada *bushel* tiene más o menos 300 ostras. A nosotros nos paga $18 por *bushel*, y Chris y yo dividimos en partes iguales el dinero que ganamos. Butch vende las ostras a otras personas.

Reportera: *¿Qué hacen ellas con las ostras?*

Bo: Las sacan de la concha. Eso se llama desbullar las ostras. La concha es muy dura y no se puede comer. Sólo se puede comer la ostra que está adentro. Después de desbullarlas, las venden a restaurantes y a gente que las envasa para venderlas en tiendas. Algunas quizá acaben en su plato. Las ostras se pueden freír o cocinar en sopa. Cuando están muy frescas, no hay que cocinarlas. A mí me gustan crudas. De esa manera, conservan todos sus nutrientes. Las ostras son muy buenas para la salud.

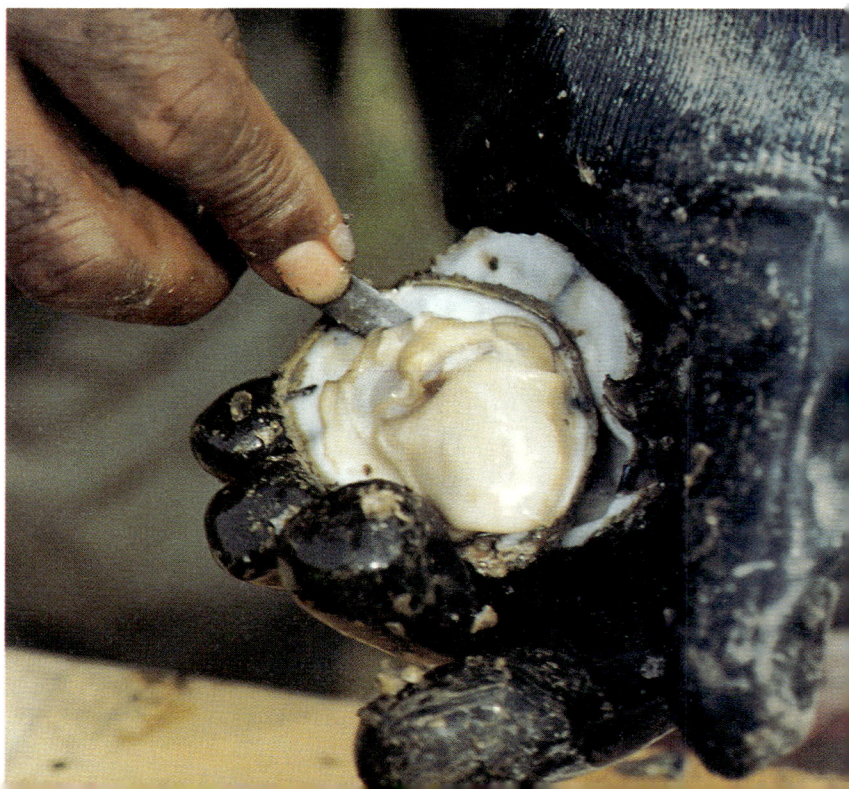

Reportera: *Yo no creo que me gustaría comer ostras crudas. ¿No las cocina?*

Bo: ¡Por supuesto! He comido ostras desde que era niño. No las como crudas todo el tiempo. A veces Chris y yo preparamos sopa de ostras para el almuerzo en el barco. De vez en cuando, le llevo ostras a mi esposa. Me siento a la mesa de la cocina y ella las prepara. A veces ayudo a cocinarlas. Las desbullamos, las rebozamos con miga de pan y luego las freímos. ¡Son deliciosas! No hay nada tan sabroso como las ostras. Es la comida que más me gusta.

Reportera: *¿Qué es lo que más le gusta de su trabajo?*

Bo: El río es el lugar que más me gusta. He trabajado en otros oficios, pero siempre vuelvo a la pesca de ostras. El río es un lugar maravilloso para pasar el tiempo. Es tranquilo y callado. A la noche cuando me acuesto, sé que el día siguiente será interesante. Sé que estaré pescando ostras en el río porque el río es mi vida.